개미나라 경제툰

개미나라 경제툰

초판 1쇄 발행 2022년 12월 15일
초판 4쇄 발행 2025년 4월 8일

지은이 무선헤드셋

펴낸이 조기흠
총괄 이수동 / **책임편집** 최진 / **기획편집** 박의성, 유지윤, 이지은
마케팅 박태규, 임은희, 김예인, 김선영 / **제작** 박성우, 김정우
교정교열 책과이음 / **디자인** 이슬기

펴낸곳 한빛비즈(주) / **주소** 서울시 서대문구 연희로2길 62 4층
전화 02-325-5506 / **팩스** 02-326-1566
등록 2008년 1월 14일 제25100-2017-000062호

ISBN 979-11-5784-635-1 03320

이 책에 대한 의견이나 오탈자 및 잘못된 내용은 출판사 홈페이지나 아래 이메일로 알려주십시오.
파본은 구매처에서 교환하실 수 있습니다. 책값은 뒤표지에 표시되어 있습니다.

🏠 hanbitbiz.com ✉ hanbitbiz@hanbit.co.kr ❋ facebook.com/hanbitbiz
Ⓝ post.naver.com/hanbit_biz ▶ youtube.com/한빛비즈 ⓘ instagram.com/hanbitbiz

Published by Hanbit Biz, Inc. Printed in Korea
Copyright ⓒ 2022 무선헤드셋 & Hanbit Biz, Inc.
이 책의 저작권과 출판권은 무선헤드셋과 한빛비즈(주)에 있습니다.
저작권법에 의해 보호를 받는 저작물이므로 무단 복제 및 무단 전재를 금합니다.

지금 하지 않으면 할 수 없는 일이 있습니다.
책으로 펴내고 싶은 아이디어나 원고를 메일(hanbitbiz@hanbit.co.kr)로 보내주세요.
한빛비즈는 여러분의 소중한 경험과 지식을 기다리고 있습니다.

개미나라 경제툰

· 만화로 배우는 돈의 원리 ·

무선헤드셋 글·그림

한빛비즈

Contents

Prologue (6)

1화	돈은 어떻게 탄생한 걸까? : 돈 이야기	(9)
2화	물건을 사고팔게 된 건 언제부터? : 시장 이야기	(17)
3화	돈을 지켜주면서 돈까지 준다고? : 은행의 탄생	(25)
4화	아니, 그게 망할 수가 있나? : 은행이 망했어	(33)
5화	죽은 줄 알았는데 살아 돌아오다니! : 은행의 부활	(41)
6화	왜 물가는 계속 오르기만 할까? : 인플레이션	(49)
7화	왜 경제는 늘 좋을 수 없는 걸까? : 경제의 순환	(57)
8화	무거운 것도 함께라면 들 수 있어 : 회사의 탄생	(65)
9화	내가 죽기 전에 없애주마! : 회사들의 싸움	(73)
10화	이걸 어떻게 생각한 거래? : 주식의 탄생	(81)
11화	더 넓은 세상에서 장사하자 : 무역의 시작	(89)
12화	내가 이기나 네가 이기나 해보자 : 무역 전쟁	(97)
13화	끝이 없는 지옥의 수렁 : 스태그플레이션	(105)

14화	어떻게 해도 벗어날 수가 없어! : 스태그플레이션과의 싸움	〔113〕
15화	주식도 사고팔 수 있는 거지? : 주식시장	〔121〕
16화	그 선물이 아니라 이 선물! : 선물 이야기	〔129〕
17화	물건 살 권리를 사지 않을래? : 옵션 이야기	〔137〕
18화	상상 속의 주식이 습격한다! : 공매도 이야기	〔145〕
19화	가치가 있을 수 없는 것에 가치가! : 거품 이야기 ①	〔153〕
20화	거품은 언젠가 꺼지기 마련! : 거품 이야기 ②	〔161〕
21화	추락하는 것에는 날개가 없다 : 거품 이야기 ③	〔169〕
22화	정부가 돈을 버는 방법 : 세금 이야기	〔177〕
23화	뭔가 멋있게 돈 빌리는 법 : 채권 이야기	〔185〕
24화	개미 왕국 최고의 전성기 : 경제 호황기 이야기	〔193〕
25화	후퇴하는 개미 왕국 : 대공황 이야기 ①	〔201〕
26화	우울한 개미 왕국 : 대공황 이야기 ②	〔209〕
27화	무언가 해야 합니다! : 뉴딜 이야기	〔217〕
28화	근본이 사라진다! : 사탕본위제 폐지	〔225〕
29화	같이 일하고 같이 벌자! : 사회주의 이야기 ①	〔233〕
30화	마냥 좋지만은 않더라 : 사회주의 이야기 ②	〔241〕

Epilogue 〔249〕   참고문헌 〔252〕

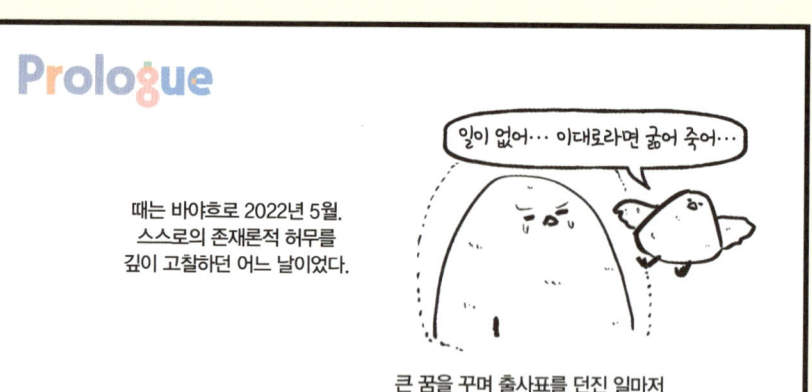

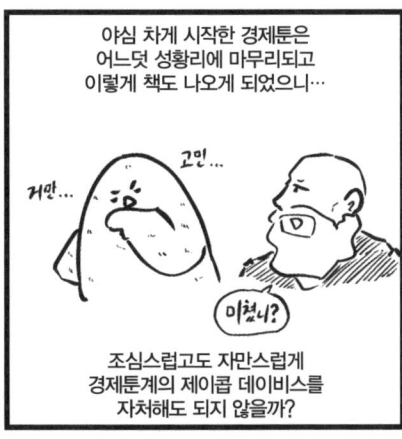

Thanks to 꼬투리, 레몬탄산.

1화

돈은 어떻게 탄생한 걸가?
: 돈 이야기

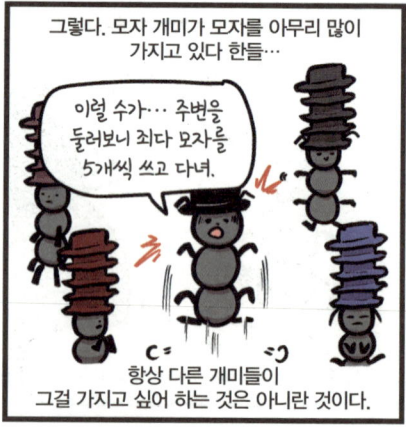

 잠|깐|상|식

❶ 만화에서는 사탕으로 나왔지만, 현실에서는 금, 은, 동, 철과 같은 금속을 화폐로 썼어요. 반짝이는 금속은 장신구와 도구의 재료로 사랑받았고, 시간이 지나면 변하거나 상하는 음식이나 동식물과는 달리 오랜 시간이 지나도 교환가치가 떨어지지 않았기 때문이에요.

❷ 그러나 금속만 화폐가 될 수 있었던 건 아니에요. 사람들이 필요 하고 신뢰하는 물건들은 충분히 화폐가 될 수 있었죠. 조선시대엔 밥을 짓는 재료인 쌀, 옷을 짓는 재료인 면포를 화폐로 썼어요. 물론 고려시대부터 꾸준히 동전을 발행했지만, 조선 후기(1700년대)에 상평통보가 널리 쓰이기 전까진 백성들에게 동전보다도 쌀과 면포가 교환가치가 더 높았기 때문이에요.

❸ 결국 화폐로서의 조건은 '필요 하고 신뢰하는' '가치 있는 물건'이에요. 이 조건을 만족한다면 무엇이든 화폐의 역할을 할 수 있었죠. 그래서 세계의 여러 나라가 상황에 따라 특이한 대체 화폐를 쓰기도 했어요. 약 150년 전, 미국의 서부개척시대에는 총알이 화폐 역할을 하기도 했다니 참 신기한 일이지요.

2화

물건을 사고팔게 된 건 언제부터?
: 시장 이야기

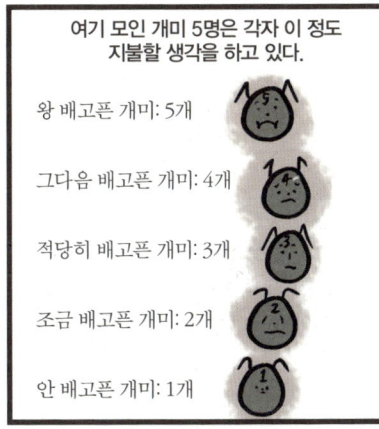

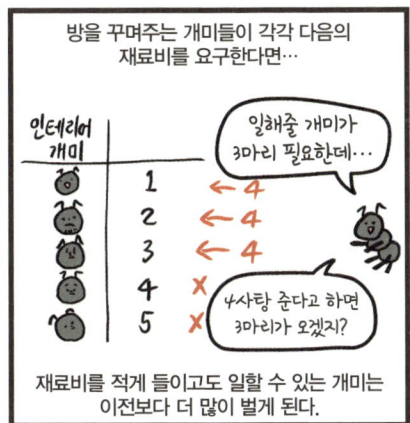

 잠|깐|상|식

❶ 만화 속에서는 개미와 꿀벌 사이에 말이 통했지만, 서로 말이 통하지 않는 사람들끼리도 시장을 통해 거래할 수 있었죠. 바로 '침묵의 거래'예요.

❷ 예를 들어 A 부족이 B 부족과 거래를 할 때, 중간 지점에 A 부족이 물건을 놔두고 물러나면, B 부족이 와서 A 부족의 물건을 본 뒤 B 부족 물건을 내려놓고 물러나는 방식이었지요. 이때 A 부족이 B 부족 물건이 마음에 들지 않는다면, 처음에 내려놓은 A 부족 물건의 수를 줄이는 방식으로 가격 흥정이 이뤄졌죠. 최종적으로 A 부족이 B 부족에서 처음 내려놓은 물건을 가져가면, B 부족도 A 부족에서 내려놓은 물건을 가져가는 방식으로 거래가 이뤄졌어요.

❸ 서로 다른 물건을 둘 사이 중간 지점에서 흥정을 통해 거래하기 시작하면서 원시적인 시장이 탄생했고, 문명이 발달하며 이런 시장은 점점 더 커지고 또 많아졌답니다.

3화

돈을 지켜주면서 돈까지 준다고?
: 은행의 탄생

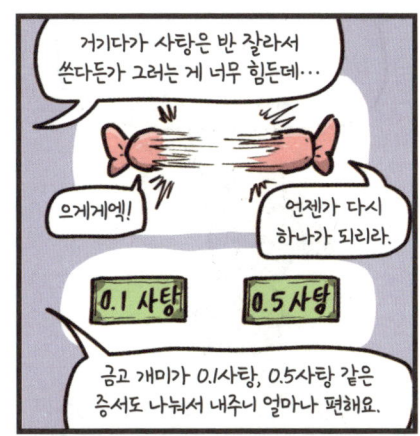

 잠|깐|상|식

❶ 은행권에는 제1금융권, 제2금융권이란 것이 있습니다. 제1금융권은 은행법이라는 강한 규제 아래 놓인 은행입니다. 규제가 강한 만큼 신뢰도가 높아 안전하죠. 안전하기 때문에 이자율이 낮아 저축에 불리하고 대출에 유리합니다.

❷ 제2금융권은 은행법의 통제를 받지 않습니다. 제1금융권에 비해 안전하지는 않지만 그렇기 때문에 고객 유치를 하려고 이자율을 높게 책정합니다. 그래서 저축에 유리하고 대출에 불리하죠.

❸ 요즘 같은 시대에는 제2금융권이라고 마냥 위험하진 않습니다. 거의 망하지 않죠. '거의' 망하지… 않기는 합니다…

4화

아니, 그게 망할 수가 있나?
: 은행이 망했어

 잠깐 상식

❶ 현대에는 고전적 뱅크런은 잘 발생하지 않는다고 보는 게 경제학자들의 주류 여론이라고 하네요. 뱅크런 발생의 조짐이 보이면 바로 조치를 취하기 때문이죠.

❷ 그런 와중에 '코인'에서 고전적인 뱅크런이 발생해서 화제가 되었던 적이 있어요. 코인에 돈을 넣어두고 있던 사람들이 코인을 믿지 못하게 되어 대거 빠져나가는 일이 발생했습니다. 그러자 코인 가치가 폭락했죠. 전형적인 뱅크런과 유사합니다. 어찌 보면 코인이 등장한 지 얼마 되지 않았기에 가능한 일이었습니다.

5화

죽은 줄 알았는데 살아 돌아오다니!
: 은행의 부활

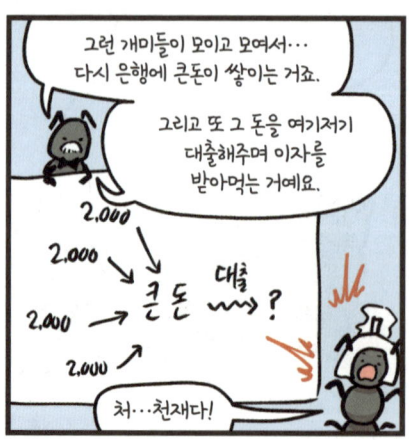

 잠|깐|상|식

❶ 2011년 부산저축은행이 부도가 납니다. 위험하게 과도한 대출을 해주고 장부상에는 그 사실을 숨겼던 게 주원인이었죠. 그래서 사람들이 내 돈 돌려달라고 앞다투어 은행에 몰려들어서 다른 은행들도 영업이 정지되었습니다.

❷ 이렇게 은행 하나가 망하면 그곳 하나만 망하고 끝나는 문제가 아닙니다. 뱅크런은 전염병과 같아서 멀쩡한 은행까지도 휘청거리게 만들거든요. 국가에서는 그런 사태가 일어나면 주변 은행 문을 억지로 닫습니다.

6화

왜 물가는 계속 오르기만 할까?
: 인플레이션

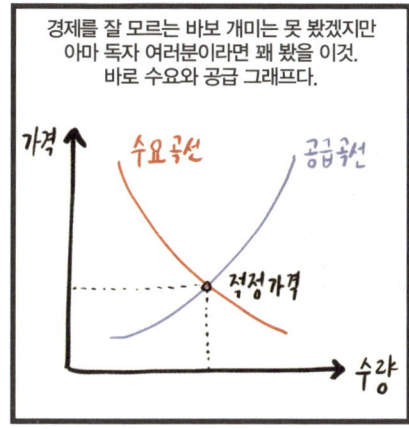

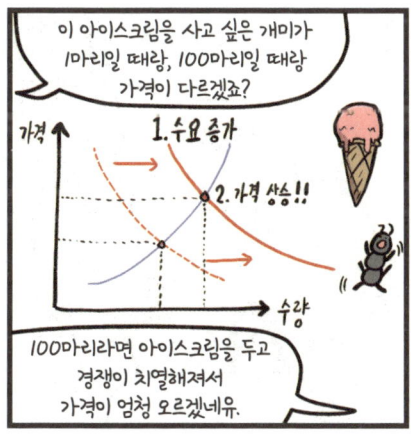

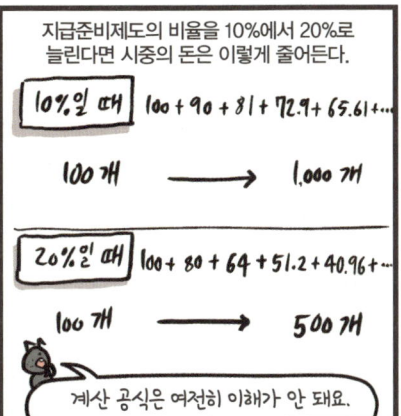

 잠|깐|상|식

❶ 물가가 오르면 경제가 성장합니다. 그런데 왜 물가가 오르는 만큼 사람들의 월급도 같이 오르지 않는 걸까요? 최저임금을 마구 올리면 문제가 해결될 텐데 말이죠.

❷ 최저임금을 섣불리 올리면 비용 인상에 따른 인플레이션이 발생할 수 있습니다. 월급을 올리면 물가도 같이 오르게 되죠.

❸ 고용비용이 오르면 일자리가 줄어듭니다. 물가는 오르는데 경제는 위축되는… 최악의 결과가 나타나죠. 그렇기 때문에 최저임금은 올라야 하지만 그 속도는 조절해야 하는 겁니다.

7화
왜 경제는 늘 좋을 수 없는 걸까?
: 경제의 순환

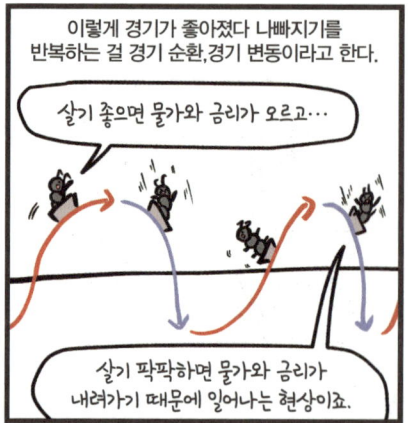
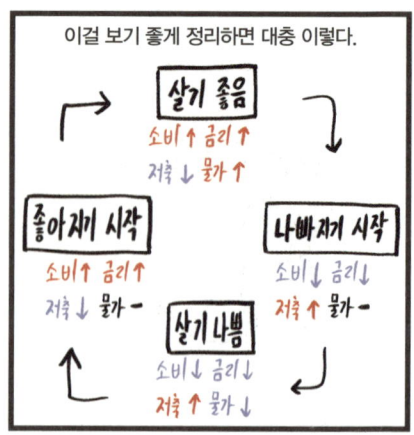

잠|깐|상|식

❶ 경제가 순환하는 것은 나쁜 일이 아닙니다. 호황은 불황의 이유가 되고, 불황은 호황의 이유가 되기 때문이죠. 오히려 계속되는 호황, 계속되는 불황이 더 위험합니다.

❷ 긴 호황은 긴 불황을 불러옵니다. 이게 나쁜 일일까요? 호황과 불황이 짧게 왔다 갔다 하는 건 투자가 위축되었다는 뜻입니다.

❸ 정부의 역할은 경제에 가해지는 외부 충격으로 순환이 깨어지는 걸 막는 겁니다. 원자재 가격 인상이나 자연재해가 여기에 해당되겠네요. 하나의 사건으로 인해 악순환에 빠진 경제는 스스로 거기서 빠져나오기 힘들어집니다.

8화
무거운 것도 함께라면 들 수 있어
: 회사의 탄생

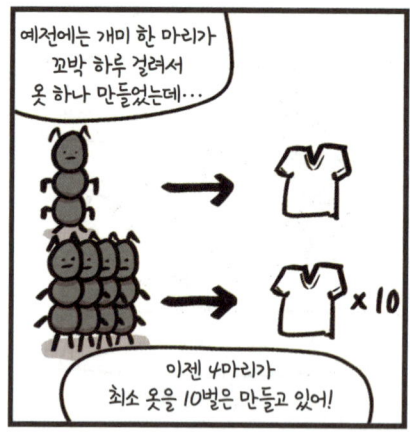

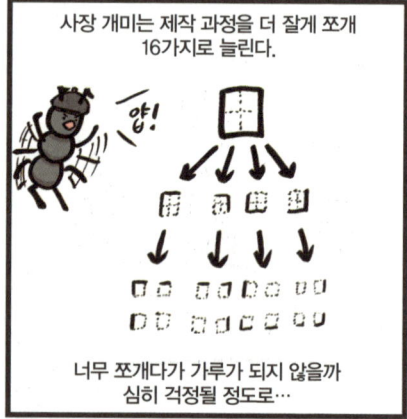

 잠|깐|상|식

- ❶ 산업혁명 당시 사장들은 벌어들인 이익을 모조리 재투자했습니다. 기계를 더 구하고 공장을 더 짓고 공격적으로 시장을 개척했죠. 이 과정에서 노동자들의 권리는 뒷전으로 밀려나 논란이 되었습니다.
- ❷ 아이러니한 사실은 권리가 뒷전이 되었어도 과거보다는 풍족하게 살게 되었다는 겁니다. 도시에서 일하지 않고 시골로 돌아가면 더 힘들어지는 상황이 된 거죠.
- ❸ 우스운 건 훗날 공산국가들의 계획경제가 이 모습과 유사했다는 겁니다. 그들은 기본적인 인민의 권리만 지켜주고 벌어들인 이익은 모조리 재투자하는 계획을 세웠습니다. 극과 극은 닮는 걸까요?

9화

내가 죽기 전에 없애주마!
: 회사들의 싸움

 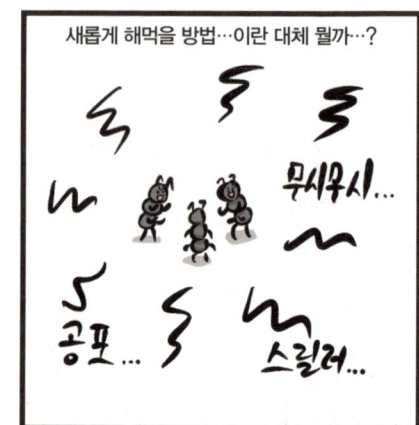

 잠|깐|상|식

❶ 미국 회사의 역사는 대단했습니다. 극한으로 경쟁할 때는 끝도 없이 가격을 내려 한쪽이 죽어야 끝나는 치킨게임을 했죠. 경쟁에 지쳐 카르텔이나 트러스트를 형성할 때는 끝도 없이 문어발을 뻗는 바람에, 자동차부터 칫솔까지 한 트러스트가 모두 장악하기도 했습니다.

❷ 국가에서 반트러스트법을 제정해도 소용없었습니다. 회사를 상대로 한 파워 싸움에서 밀린 거죠. 끝내 반독점법까지 만들며 트러스트나 초거대기업도 찢어놓았지만 아직도 여러 대기업이 존재하는 걸 보면 사람의 욕심은 끝이 없는 것 같네요.

10화
이걸 어떻게 생각한 거래?
: 주식의 탄생

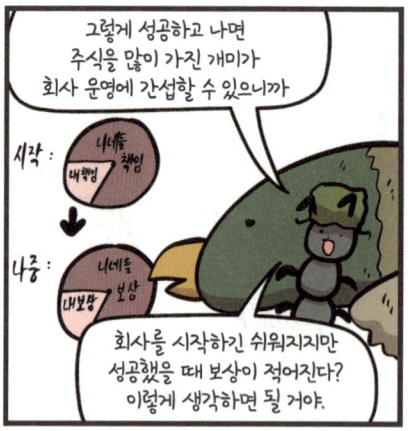

 잠|깐|상|식

❶ 최초의 주식회사는 영국의 동인도회사입니다. 당시 항해는 매우 위험했죠. 하지만 성공만 하면 큰 이득을 볼 수 있었습니다. 높은 위험성으로 사업이 위축되자 동인도회사는 좋은 묘수를 내놓는데 그게 바로 주식이었죠.

❷ 동인도회사는 많은 사람에게 투자를 받고 항해가 성공하면 돈을 지급했습니다. 나중에는 항해가 성공할 거 같으면 주식 증서를 거래하기도 했습니다. 오늘날의 주식과 다를 바 없죠.

11화
더 넓은 세상에서 장사하자
: 무역의 시작

잠|깐|상|식

❶ 우리나라 물건을 외국에 많이 팔아서 무조건 흑자를 내면 좋을까요? 마냥 그렇지는 않습니다. 흑자를 계속 본다는 것은 외화가 많이 유입된다는 것을 의미합니다. 그러면 국내에 도는 돈이 많아지고… 인플레이션이 유발됩니다.

❷ 우리가 무역 흑자를 본다면 상대국은 무역 적자라는 얘기죠. 그 나라 입장에서 반감을 느낄 수도 있습니다. 가장 이상적인 건 수입과 수출이 균형을 이루는 겁니다.

12화

내가 이기나 네가 이기나 해보자
: 무역 전쟁

 잠깐상식

❶ 한때 보호무역이 유행하던 때가 있었습니다. 자국에서 파는 상품은 무관세로 내보내고 타국에서 들여오는 물건에는 비싼 관세를 붙여 자국에서 구매할 때 부담을 느끼게 만든 것이죠. 하지만 다들 잊고 있던 사실 하나가 있었습니다. 대부분의 나라가 똑같은 생각으로 똑같은 일을 벌였거든요. 정말 안 하느니만 못한 상황이 벌어지고 말았습니다.

❷ 그러자 차선책이 나옵니다. 동맹국끼리만 관세를 완화하는 블록화죠. 또 적국 하나를 찍고 거기에만 관세를 세게 매기기도 합니다. 독일 관세동맹이 대표적인 예죠.

13화

끝이 없는 지옥의 수렁
: 스태그플레이션

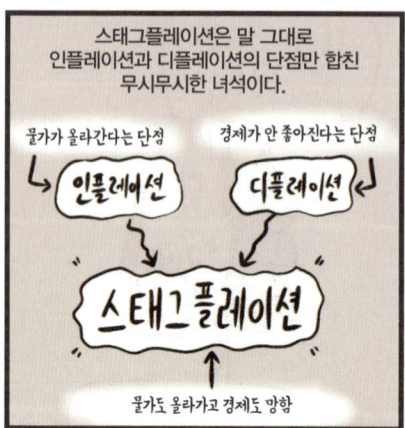

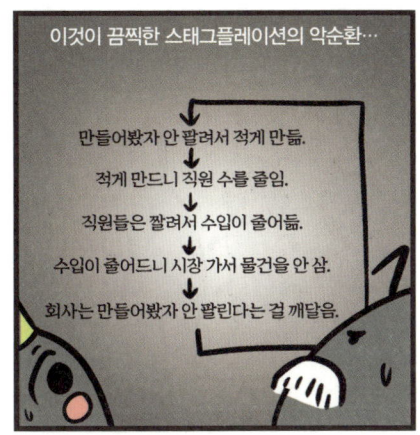

 잠|깐|상|식

❶ 만약 어떤 제품의 가격이 오르는 이유가 사람들이 더 많이 찾아서라면 어떨까요? 그러면 생산량도 같이 늘어납니다. 생산량 증가는 더 많은 일자리와 투자를 의미하죠. 경제가 성장합니다.

❷ 혹시 제품의 품질이 개선되어 가격이 상승한 거라면 어떨까요? 이 또한 좋은 결말로 이어집니다.

❸ 그러나 외부 요인인 원자재 가격 상승으로 가격이 높아진 거라면 긍정적 효과는 기대하기 힘듭니다. 만드는 입장에서는 원가가 올라 수익이 줄고… 사는 입장에서는 이전보다 비싸서 마음에 안 들고… 결국 산업이 위축되죠. 이것이 외부 요인에 의한 스태그플레이션입니다.

14화
어떻게 해도 벗어날 수가 없어!
: 스태그플레이션과의 싸움

 잠|깐|상|식

❶ 스태그플레이션을 이겨내기 위해서는 어떻게 해야 할까요? 돈을 풀어 경제성장을 도모하면 물가가 너무 올라버리고… 물가를 잡자고 금리를 올리면 경제가 마르다 못해 썩어버리죠.

❷ 실제로 스태그플레이션을 겪은 나라에서 내놓은 대처법은 '일단 금리를 올려 물가를 잡는다'였습니다. 높은 물가를 해결하는 것보다 저성장과 실업을 해결하는 것이 상대적으로 더 쉽다는 이유에서입니다.

❸ 만화에서는 공급에 의한 스태그플레이션을 소개했는데요. 이 경우 가장 좋은 해결책은 공급 문제를 해결하는 것입니다. 1970년대 스태그플레이션의 원인도 급격한 석유 가격 상승이었죠.

15화

주식도 사고팔 수 있는 거지?
: 주식시장

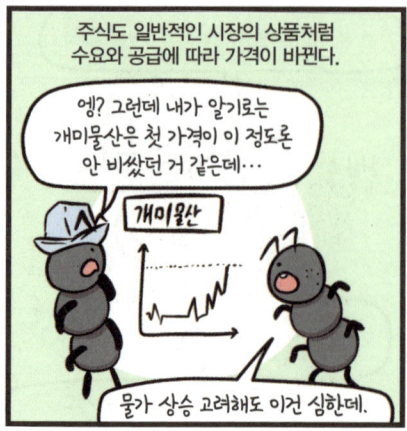

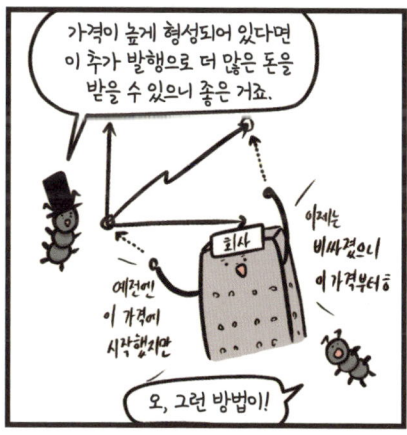

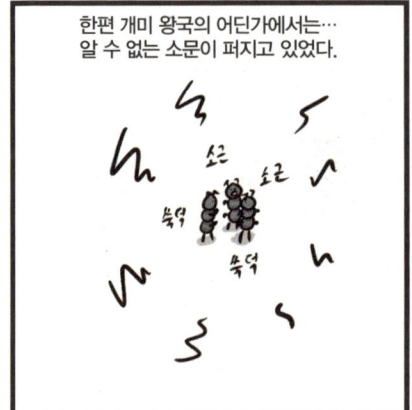

 잠|깐|상|식

❶ 앞에서 말했듯이 최초의 주식회사는 영국의 동인도회사예요. 당시 바다에는 무수한 위험이 도사리고 있었는데요. 긴 항해는 정말 위험했지만 성공했을 때의 보상도 두둑했답니다.

❷ 동인도회사가 떠올린 해결책은 투자였습니다. 사람들에게 투자를 받아 성공하면 발생한 이익을 그만큼 나눠주는 거죠. 그 대신 실패하면 아무것도 없었습니다. 사람들은 성공을 기대하며 투자금을 건네주고 회사 입장에서는 실패 리스크가 0이 되니 일종의 윈윈이었죠.

16화
그 선물이 아니라 이 선물!
: 선물 이야기

잠|깐|상|식

❶ 경제에서 말하는 선물은 생일날 주고받는 그런 게 아닙니다. 한자로는 '先物'이라고 하고, 영어로는 'Futures'라고 부릅니다. 지금은 없는 물건을 나중에 거래하기로 하는 약속이니 적당히 좋은 이름이네요.

❷ 이상하게도 많은 매체에서 선물을 설명할 때 배추를 예시로 드는데요. 이유가 뭘까요? 배추가 가격 널뛰기가 심한 작물이기 때문입니다. 그래서 농부나 구매자들의 심리전이 그만큼 중요해지죠.

17화

물건 살 권리를 사지 않을래?
: 옵션 이야기

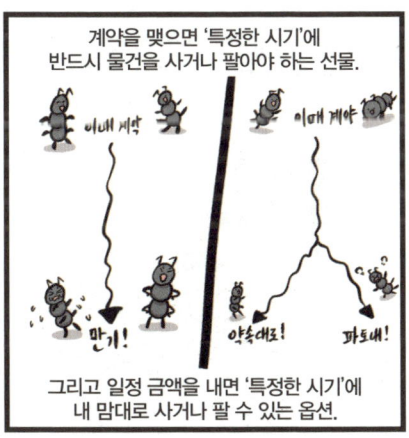

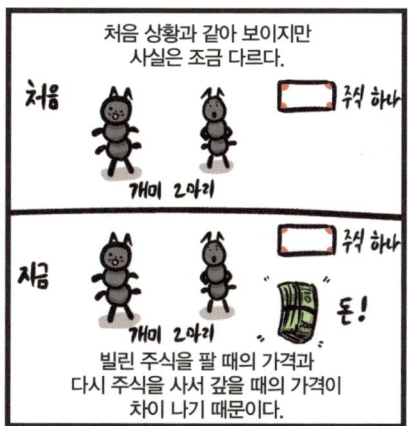

잠|깐|상|식

❶ 선물이나 옵션이 무서운 점은 내가 이득을 보면 반대편의 누군가는 반드시 손해를 본다는 것입니다. 만화에서도 소개했다시피 제로섬게임인데요. 혹자는 '원수에게 파생상품을 추천하라'라고 말하기도 합니다.

❷ 과거에 석유 선물 가격이 마이너스가 된 적이 있었죠. 손해 볼 일만 남은 선물을 처리하고 싶은 사람은 많은데 그걸 받아줄 사람이 없어서 일어난 사건이었습니다. 가만히 있으면 진짜 집에 석유 드럼통이 날아올 지경이었다고 하네요.

18화
상상 속의 주식이 습격한다!
: 공매도 이야기

 잠|깐|상|식

---

❶ 사실 우리는 만화에 나오는 것처럼 공매도를 마음껏 할 수 없습니다. 개인이 하는 공매도와 회사가 하는 공매도가 다르기 때문입니다. 투자회사나 더 큰 세력은 더 적은 수수료, 더 넉넉한 기한으로 거래할 수 있습니다. 그러나 개인은 수수료도 높고 기한도 짧죠.

❷ 이렇게 차이가 나는 건 신뢰도 차이 때문입니다. 기관이나 회사에 비해 아무래도 개인은 신용도가 낮을 수밖에 없기 때문이죠.

❸ 주가가 하락해야 이득을 볼 수 있으니 교묘하게 주가 하락을 조장한다고 생각해 공매도에 악감정을 품은 개인 투자자도 많습니다. 그래서 한때 월가의 공매도 투자자들은 방탄복을 필수 패션처럼 여기기도 했다고 하지요.

가치가 있을 수 없는 것에 가치가!
: 거품 이야기 ①

 잠깐상식

❶ 17세기 네덜란드에서 발생한 튤립버블은 자본주의 최초의 버블입니다. 그만큼 선물투자, 옵션투자 그리고 사람들의 광기까지… 버블의 특징을 모두 관찰할 수 있는 좋은 사례인데요. 나중에는 튤립이 집 한 채 값까지 올라갔다니 정말 무서운 노릇이죠.

❷ 거품은 왜 결국 꺼지는 걸까요? 투기의 대상이 된 물건은 나중에 더 비싸게 팔아치울 수 있을 거라는 믿음이 있어야 거래됩니다. 하지만 끝도 없이 비싸지는 건 불가능한 일. 한도에 다다르면 아무도 사지 않게 되고… 값은 추락하지요.

20화

거품은 언젠가 꺼지기 마련!
: 거품 이야기 ②

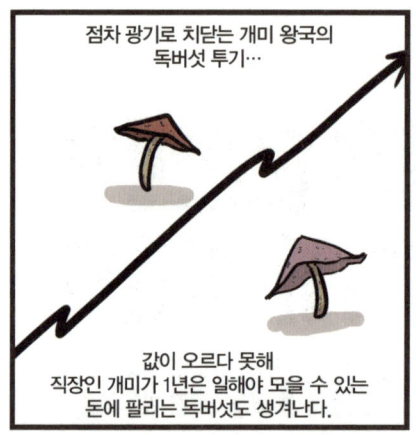

 잠|깐|상|식

❶ 물리학의 천재로 불리는 뉴턴은 주식 때문에 놀림을 많이 받았습니다. 뉴턴은 거짓 믿음을 바탕으로 주가가 엄청나게 올랐다가 폭락한 남해 버블사태로 인해 많은 돈을 잃었습니다. 목적은 분명치 않고, 부실하면서도 과대평가를 받은 회사, 거기에 몰리는 투자자들… 붕괴하기에 딱 좋은 버블이었네요.

❷ 웃기는 건 뉴턴이 중간에 이미 이득을 보았다는 사실입니다. 하지만 사람의 욕심은 끝이 없는 법. 한 번 더 들어갔다가 지옥을 맛보고 말았다고 하지요.

21화

추락하는 것에는 날개가 없다
:거품 이야기 ③

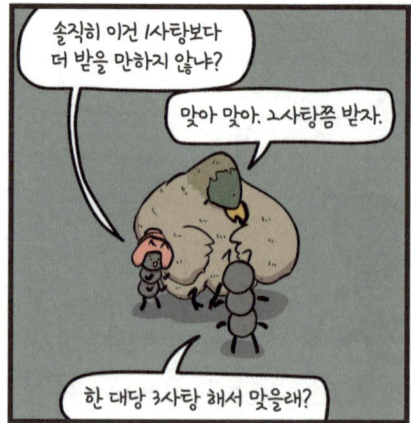

 잠|깐|상|식

① 요즘 가장 유명한 버블이라면 부동산 버블을 꼽을 수 있지요. 실거주 목적으로 구매하는 사람만 있지 않고… 앞으로 계속 오를 거라는 믿음을 가지고 빚을 내어 사기도 하니까요.

② 그럼 버블은 무조건 나쁜 것이니 사라져야 할까요? 갑작스럽게 버블이 사라지면 경제는 충격을 받게 됩니다. 대표적인 예가 2008년 서브프라임 모기지인데요. 많은 서민이 거품이 꺼진 파동으로 살던 집을 모조리 잃었습니다. 안타까운 일이었지요.

22화
정부가
돈을 버는 방법
: 세금 이야기

잠|깐|상|식

❶ 놀랍게도 세금을 거둘 수 있는 권리를 판매하기도 했다는 것 아시나요? 유럽의 경우에는 돈이 궁한 왕실이 세금을 거두는 권리를 민간에 판매해 급전을 마련하기도 했다네요. 권리를 구매한 사람은 이득을 보기 위해 매우 악독하게 세금을 징수했다고 해요.

❷ 프랑스의 화학자 라부아지에도 거둔 세금의 일부를 가져가는 세금 징수원이었는데요. 그 탓에 혁명이 일어나자 단두대 위로 끌려 올라가고 말았죠.

23화

뭔가 멋있게 돈 빌리는 법
: 채권 이야기

 잠|깐|상|식

❶ 채권을 얘기할 때 빼놓을 수 없는 게 전쟁 채권입니다. 영화 〈퍼스트 어벤져〉에서 캡틴 아메리카는 애국심을 앞세워 국민들에게 전쟁 채권을 사라고 권유하기도 합니다.

❷ 재미있는 사실은 전쟁을 이기고 있는 나라 쪽의 채권이 가치가 점점 올라갔다는 건데요. 영국이 워털루 전쟁에서 이기자 영국의 전쟁 채권 가격이 엄청나게 상승했다는 사실은 꽤 유명합니다.

❸ 미국은 대부분의 전쟁에서 전쟁 채권 베팅이 더 셌습니다. 미국의 전투력을 투자자들이 믿어준 것으로 봐도 되겠네요.

24화

개미 왕국 최고의 전성기
: 경제 호황기 이야기

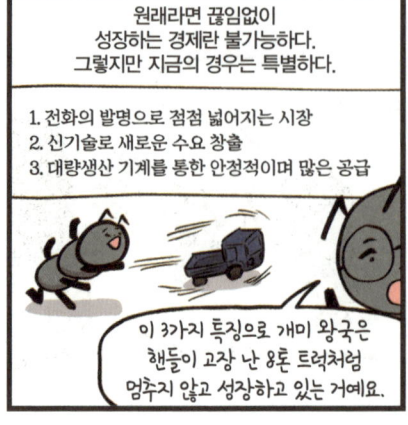

 잠|깐|상|식

❶ 미국은 대공황을 겪기 전 엄청난 호황을 겪습니다. 통칭 '광란의 20년대'라고 불리는데요. 경제, 문화 어느 것 하나 빠질 것 없이 잘나가던 시대였죠. 세계 금융의 중심이 뉴욕으로 바뀌었고, 미국인들은 모두 차 한 대, 라디오 하나씩은 꼭 갖고 있었죠.

❷ 과거 미국은 유럽 국가에 빚을 진 나라였지만, 1920년대에는 달랐습니다. 많은 나라가 미국에 빚을 졌죠. 미국이 여러 나라의 채권을 구매하거나 투자를 하며 달러를 마구 퍼트렸습니다.

❸ 이 시기의 미국인들은 아무 근심 걱정 없는 장밋빛 미래만을 꿈꿨지만… 이후 터진 대공황으로 모든 것이 물거품이 됩니다.

25화

후퇴하는 개미 왕국
: 대공황 이야기 ①

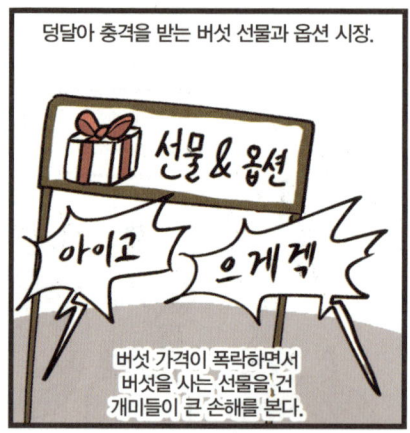

 잠|깐|상|식

❶ 경제가 나빠지는 것도 끔찍하지만, 경제가 좋지 않은 상황 그 자체가 원인이 되어 더 좋지 않은 경제로 향해 가는 것도 끔찍합니다. 재활운동을 해야 하는 환자가 막상 다리가 아파서 산책조차 하지 못하는 상황처럼 말이죠.

❷ 기업가들은 더 많은 돈을 벌기 위해 생산을 마구잡이로 늘렸지만 막상 사줄 고객이 없었습니다. 이미 미국 스스로 감당할 수 없었고, 외국도 자국 보호무역을 실시해 해외 시장이 줄어든 상태였죠.

❸ '승수효과'라는 게 있습니다. 하나의 투자는 더 많은 수요를 창출하고, 그로 인해 더 많은 투자를 유발한다는 효과죠. 안타깝게도 이와 반대도 성립됩니다. 투자가 줄어들면 그로 인해 다른 투자도 같이 줄어들죠. 대공황 시기에는 투자가 셀 수 없이 줄어들었으니 후폭풍이 정말 끔찍했겠네요.

26화
우울한 개미 왕국
: 대공황 이야기 ②

 잠|깐|상|식

❶ 미국의 대공황은 미국 안에서만 끝나지 않았습니다. 유럽에도 영향을 끼쳤죠. 많은 나라가 극심한 디플레이션을 겪으며 마이너스 성장률을 기록하게 되었습니다.

❷ 유럽 여러 나라가 자국 산업을 보호하기 위해 높은 관세를 책정하고 자기 식민지하고만 거래하는 블록을 설정했으나, 오히려 이런 조치가 공황에 악영향을 주면 주었지, 해결책은 되지 못했습니다.

❸ 반면 소련은 계획경제를 통해 피해를 최소화할 수 있었습니다. 공산주의를 경계해 다른 나라들이 소련을 고립시켰는데, 이 상황이 오히려 소련을 도운 꼴이 되었습니다. 그렇게 소련은 다른 나라가 마이너스 성장률에 괴로워할 때 오히려 준수한 성장률을 기록했어요.

27화
무언가 해야 합니다!
: 뉴딜 이야기

 잠|깐|상|식

❶ 루스벨트 대통령의 뉴딜 정책이 정말 대공황 해결에 도움이 되었느냐는 주제를 두고 지금도 경제학자들이 갑론을박하고 있죠. 어떤 이는 전쟁이 나기 전까지 효과적으로 피해를 막아줬다고 믿어요.

❷ 반대하는 측은 오히려 뉴딜 정책이 대공황을 연장시켰다고 주장해요. 정부의 과도한 개입으로 민간 시장이 위축되었다는 것이죠. 민간 시장이 나서서 투자가 늘어나야 경제가 성장하며 늪에서 빠져나올 수 있는데 그것을 막았다는 겁니다.

❸ 대공황이 남긴 상처는 제2차 세계대전 이후 민간투자가 활성화되며 아물기 시작합니다. 대공황을 일으킨 원인을 분석하며, 이후에는 이런 일이 발생하지 않도록 예방하고 있지요.

28화
근본이 사라진다!
: 사탕본위제 폐지

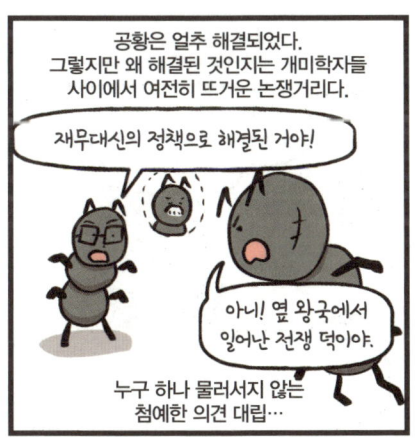

잠깐상식

❶ 1944년 미국은 브레턴우즈 체제를 선언합니다. 쉽게 말해 달러를 가져오면 금으로 바꿔주겠다는 거죠. 세계에서 가장 많은 금을 보유한 나라인 미국이 이런 선언을 하자 달러의 가치는 하늘을 뚫을 정도가 됩니다.

❷ 이 와중에 베트남 전쟁이 일어나 미국은 과도하게 달러를 많이 찍어내게 됩니다. 다른 나라들은 "정말 금이랑 바꿔줄 수 있는 거 맞지?" 하며 불안해하기 시작했죠. 미국의 대답은? "미안"이었습니다.

❸ 1971년 브레턴우즈 체제를 포기하면서(닉슨 쇼크) 미국은 달러와 금의 교환을 중지합니다. 이로 인해 달러의 가치가 폭락하는 현상이 발생했죠. 그래도 달러는 여전히 세상에서 가장 가치 있는 화폐 중 하나이니 미국의 무시무시한 저력을 느낄 수 있는 대목이죠.

29화

같이 일하고 같이 벌자!
: 사회주의 이야기 ①

잠|깐|상|식

❶ 사회주의의 개념을 제시했던 마르크스는 무력을 동원해 상층부를 몰아내고 새로운 국가를 건설하는 데까지 나아갈 생각은 없었어요. 마르크스는 자본주의가 이대로 계속된다면 언젠가는 병폐가 쌓여 망하게 되고, 그 빈자리를 사회주의가 채우리라 내다봤지요.

❷ 아이러니한 사실 하나. 〈공산당 선언〉을 발표한 마르크스 본인은 투자를 통해 많은 돈을 벌었다고 해요. 공산주의를 세계에 알렸지만 정작 본인은 자본주의에 정말 잘 적응한 모습을 보였죠.

30화

마냥 좋지만은 않더라
: 사회주의 이야기 ②

 잠|깐|상|식

---

❶ 세계적인 곡창 지대인 러시아가 과거 소련 시절에는 만성적인 식량 부족에 시달렸다는 사실을 아시나요? 뭘 심어도 잘 자라는 흑토인데 대체 무엇이 문제였던 걸까요? 그건 바로 시스템의 실패 때문이었어요. 집단농장의 효율은 말 그대로 땅을 기어 다니는 수준이었다고 합니다.

❷ 나중에 소련은 실패를 인정하고 일부 자영농을 허가했습니다. 그러자 소수의 자영농이 다수의 집단농장보다 더 많은 생산량을 내놓기 시작했어요. 역시 사람의 욕심은 끝이 없네요.

참고문헌
: 경알못 개미들을 위한 추천 도서

단행본

그레고리 맨큐, 김경환·김종석 옮김, 《맨큐의 경제학》, Cengage Learning, 2021.

도미닉 프리스비, 조용빈 옮김, 《세금의 세계사》, 한빛비즈, 2022.

로버트 하일브로너, 장상환 옮김, 《세속의 철학자들》, 이마고, 2005.

로버트 하일브로너·윌리엄 밀버그, 홍기빈 옮김, 《자본주의 어디서 와서 어디로 가는가》, 미지북스, 2016.

리오 휴버먼, 장상환 옮김, 《자본주의 역사 바로 알기》, 책벌레, 2000.

민경국, 《경제사상사 여행》, 21세기북스, 2014.

배리 아이켄그린, 김태훈 옮김, 《달러 제국의 몰락》, 북하이브, 2011.

토드 부크홀츠, 류현 옮김, 《죽은 경제학자의 살아 있는 아이디어》, 김영사, 2009.

토리텔러, 《세상 친절한 경제상식》, 미래의창, 2019.

팀 하포드, 김명철 옮김, 《경제학 콘서트 1~2》, 웅진지식하우스, 2013.

EBS 자본주의 제작팀, 《EBS 다큐프라임 자본주의》, 가나출판사, 2013.

사이트

경제신문읽는법 https://ecodemy.cafe24.com